儿童哲学智慧书

Philo Zenfants

恐惧，是什么？

［法］奥斯卡·柏尼菲 著　［法］弗雷德·贝纳利亚 绘

彭 为 译

桂图登字：20-2010-227

Copyright © 2023. by Éditions Nathan, SEJER, Paris-France.
Original edition: C'EST QUOI LA PEUR?
Simplified Chinese edition © Jieli Publishing House
All rights reserved

图书在版编目（CIP）数据

恐惧，是什么？／（法）奥斯卡·柏尼菲著；（法）弗雷德·贝纳利亚绘；彭为译 . -- 南宁：接力出版社，2025．5. -- （儿童哲学智慧书）. -- ISBN 978-7-5448-8886-8

Ⅰ．B-49

中国国家版本馆 CIP 数据核字第 2025BC3774 号

恐惧，是什么？
KONGJU，SHI SHENME？

责任编辑：朱晓颖　孔倩　　美术编辑：王雪
责任校对：范悦　　　责任监印：刘宝琪　　　版权联络：闫安琪
出版人：白冰　雷鸣
出版发行：接力出版社　　社址：广西南宁市园湖南路9号　　邮编：530022
电话：010-65546561（发行部）　　传真：010-65545210（发行部）
网址：http://www.jielibj.com　　电子邮箱：jieli@jielibook.com
经销：新华书店　　印制：北京瑞禾彩色印刷有限公司
开本：710毫米×1000毫米　1/16　　印张：6　　字数：41千字
版次：2025年5月第1版　　印次：2025年5月第1次印刷
印数：00 001—17 000册　　定价：28.00元

审图号：GS（2024）5321号
本书插图系原文插附地图
本书部分插图中含有危险动作，请勿模仿

版权所有　侵权必究

质量服务承诺：如发现缺页、错页、倒装等印装质量问题，可直接联系本社调换。
服务电话：010-65545440

目录

原因
你为什么会感到恐惧?
4

态度
你喜欢恐惧吗?
18

影响
你会被恐惧所影响吗?
34

控制
你能克服恐惧吗?
48

环境
人可以生活在没有危险的世界里吗?
64

勇敢
你需要学会勇敢吗?
78

94　让孩子学会思考
95　儿童与哲学

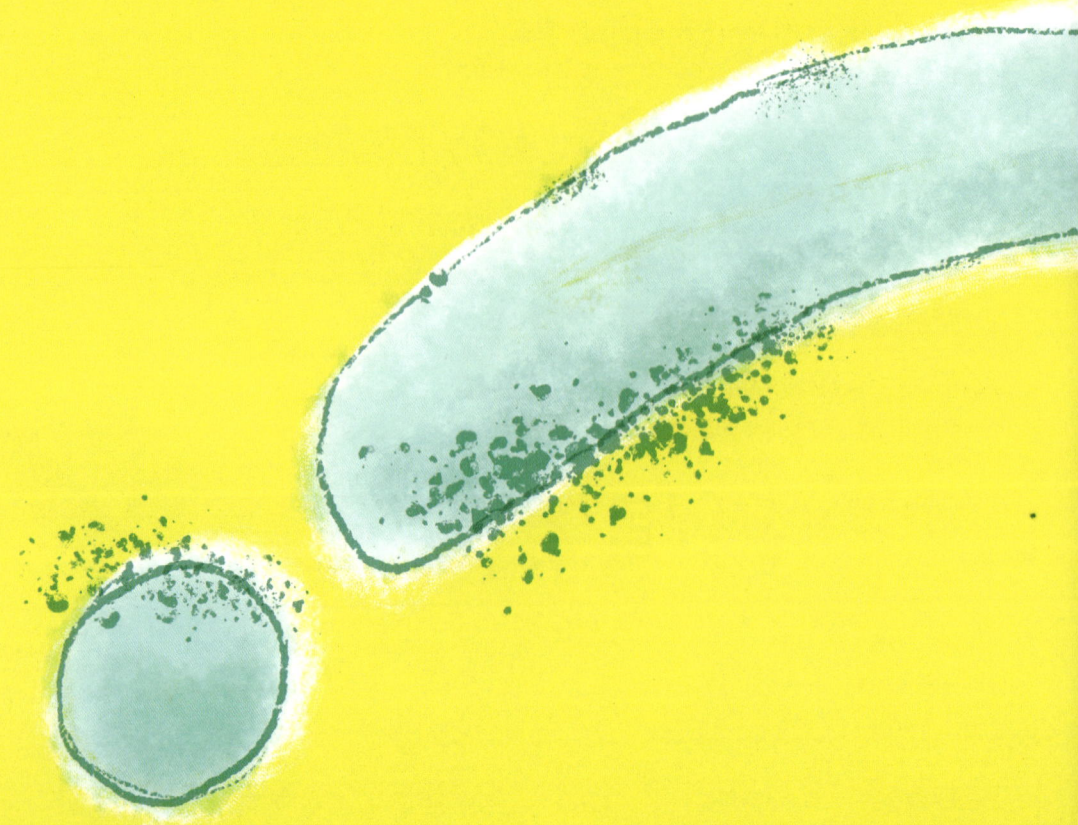

你为什么会感到恐惧？

因为我太小了，我还很脆弱，没办法保护自己。

原因

小孩比大人更容易遇到危险吗?

你在任何时候都不能保护自己吗?

强壮的大人就不会感到恐惧吗?

难道你不知道任何一个能保护你的人吗?

你为什么会感到恐惧？

人能够生活在没有任何危险的环境中吗？

我们可以永远不受伤吗？

原因

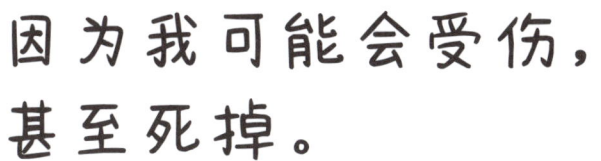

因为我可能会受伤，
甚至死掉。

痛苦能让我们变
得更强大吗？

你应该害怕死亡还是
接受死亡呢？

你为什么会感到恐惧？

因为在晚上的时候，
我觉得会有一个怪兽来抓我。

原因

如果这个怪兽是友善的呢?

你害怕怪兽还是害怕未知的事物?

你会怀疑自己的想象吗?

夜晚比白天更可怕吗?

你为什么会感到恐惧？

因为世界上存在着战争、恐怖袭击和坏人。

难道世界上没有和平与善良的人吗？

你恐惧的是战争本身，还是别人口中谈论的"战争"呢？

原因

我们能否战胜坏人呢？

你应该学着接受生活中的阴暗面吗？

你为什么会感到恐惧?

因为我不知道未来会发生什么。

原 因

如果你知道了未来会怎样,
你会感到更安心吗?

未来也许有惊喜呢?

你难道不应该更关注当下吗?

你能掌控一切吗?

你为什么会感到恐惧？

在广播、电视或互联网上，人们会谈论犯罪、战争、恐怖袭击……好像这个世界和周围的人都充满了敌意，你害怕来自他们的暴力。你对未来也感到担忧：未来会是什么样的呢？晚上独自躺在床上时，你会想象最糟糕的情况，感觉自己无法面对这些危险。可是你忘了生活也会给你带来美好的惊喜，而你的内心也隐藏着一种力量，它在不断地积蓄与壮大，只要你相信自己并接受来自他人的援手……

原 因

**小读者，问这个问题，
是想告诉你……**

要学会更好地识别
你的恐惧。

要辨别那些纯粹是
想象出来的恐惧。

要知道如何将脆弱
转化为力量。

要接受危险的存在，
以便更好地应对它。

> 态度

你喜欢恐惧吗?

你喜欢恐惧吗？

不喜欢，当我感到恐惧时，我好像被绑住了，什么都做不了。

态 度

什么都不做,不也挺好的吗?

为什么人们会说胆小的人跑得快呢?

你有没有因为害怕惩罚而完成了作业?

你能控制住自己的恐惧,不让恐惧把你吓得什么都做不了吗?

你喜欢恐惧吗?

喜欢,我喜欢在游乐场里玩游戏时恐惧和刺激的感觉。

你喜欢恐惧吗?

态度

不喜欢，因为恐惧让我感到胃痛，还让我想哭。

想哭是一件不好的事情吗？

你想过与恐惧进行抗争吗？

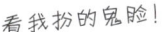

如果恐惧让你发笑，你会喜欢它吗？

你可以拒绝成为恐惧的受害者吗？

你喜欢恐惧吗？

我更喜欢吓唬别人，让别人感到恐惧。

当你吓唬别人时，你会觉得自己更强大吗？

你也喜欢吓唬那些比你高、比你强壮的人吗？

态 度

啊啊啊！

对别人表达善意和吓唬别人，你更喜欢哪一种？

你也喜欢别人吓唬你吗？

你喜欢恐惧吗？

不喜欢，因为我害怕蜘蛛，

有些恐惧会更令人感到羞愧吗？

如果你试着嘲笑自己的恐惧，会怎么样呢？

别人因此而嘲笑我。

态度

你最害怕的是蜘蛛还是被别人嘲笑?

嘲笑你的人比害怕蜘蛛的你更厉害吗?

你喜欢恐惧吗?

保持警惕可以让你照顾好一切吗?

你应该对一切持怀疑态度吗?

你能在不恐惧的情况下保持警惕吗?

不信任和警惕之间有什么区别呢?

态度

喜欢，因为恐惧
让我时刻保持警惕。

你喜欢恐惧吗？

"当然不喜欢！"这是大多数人的第一反应。真的有人喜欢恐惧吗？这种痛苦的情绪会妨碍人的思考和行动，它会让你显得脆弱，被人嘲笑。然而，恐惧并非一无是处，它能警告你注意危险。在游乐场里玩游戏或吓唬别人的时候，你会觉得恐惧非常有趣且令人感到兴奋。当你直面恐惧时，你才能更好地控制它并超越自己。

态 度

**小读者，问这个问题，
是想告诉你……**

要学会识别恐惧的
各种面貌。

恐惧既可以给人积极的影响，
也可以给人消极的影响。

要知道恐惧如何
让你变得强大或
变得软弱。

问问自己是否该为
恐惧感到羞愧。

33

> 影响

你会被恐惧
所影响吗?

你会被恐惧所影响吗?

小心!

如何识别真正的危险?

恐惧会欺骗你吗?

影 响

会，如果恐惧警告我有危险的话。

小心！

你的理智不是更能有效地识别危险吗？

你必须抑制其他恐惧吗？

你会被恐惧所影响吗？

不会，
否则恐惧会将我吞没，
我就没法儿做自己了。

对，可是……

你的情绪不也能帮助你了解自己吗？

你真的知道自己是谁吗？

除了做自己，你还能成为其他人吗？

难道是恐惧限制了你做自己吗？

你会被恐惧所影响吗？

不会，
我应该多关注
令我快乐的事物。

影 响

对，可是……

如果你的快乐来自吃掉一千克的糖果呢？

如果你的快乐伤害了别人呢？

如果你的快乐消失了呢？

快乐能够驱散恐惧吗？

你会被恐惧所影响吗？

影 响

会,
因为我必须理解恐惧,
才能克服它。

对,可是……

你能不能接受恐惧,而不是非要理解恐惧呢?

爱思考的人感受到的恐惧是否比其他人感受到的更少呢?

你到底是谁?

你总是要追求理性吗?

不克服恐惧是一件非常严重的事情吗?

你会被恐惧所影响吗？

会，我必须大声说出自己的恐惧，

啊！我更理解你了。

对，可是……

当你表达恐惧的时候，难道不是在寻求理解吗？

秘密盒子

秘密也能保护你吗？

影 响

以便让别人来保护我。

语言可以完全表达你的恐惧吗?

这是我的恐惧。

你是否准备好倾听父母的恐惧了呢?

你会被恐惧所影响吗?

你有许多不同的恐惧,为了避免恐惧带来的痛苦,你或许会选择忽视它们,或是只关注那些对你有用的恐惧。但如何辨别它们呢?像科学家一样进行研究吗?辨识不同的恐惧,并且按恐惧的程度给它们排序,可以帮助你更好地理解恐惧,也更好地理解自己。但当某种恐惧在你的头脑中占据了太多空间时,你别无选择,只能向他人倾诉。因为想要赶走恐惧,或让恐惧变得不那么重要,两个人一起面对总比独自一人更好。

影 响

小读者，问这个问题，
是想告诉你……

是他！我了解他就像了解我自己一样。

问问自己恐惧对你意味着什么。

寻找与恐惧共存或摆脱恐惧的方法。

嘘！

恐惧有时候是不可捉摸的。

要学会直面恐惧。

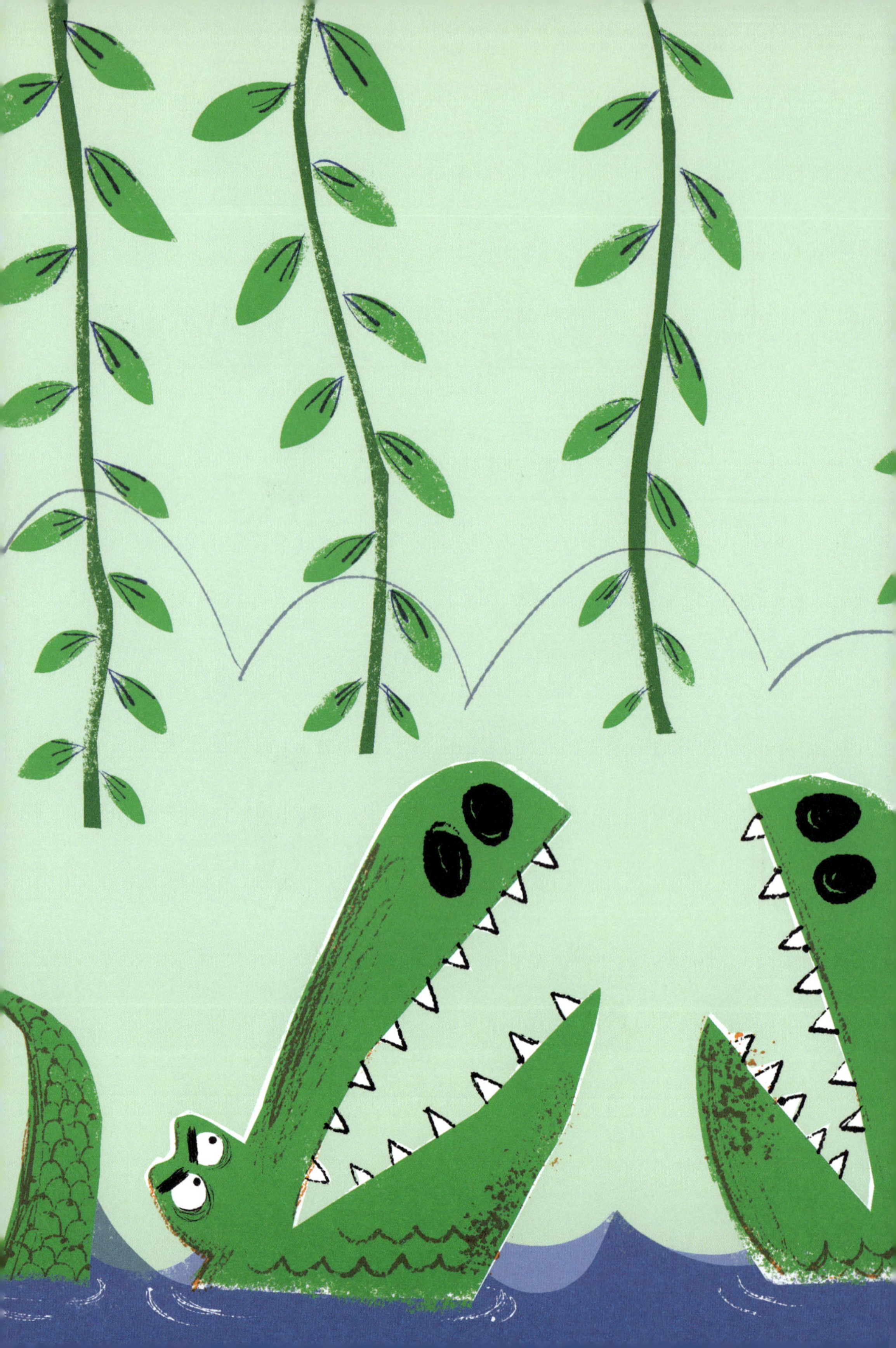

> 控制

你能克服恐惧吗?

你能克服恐惧吗？

不能，因为我是人，任何人都会感到恐惧。

对，可是……

你能让我分担你的恐惧吗？

我不知道恐惧是什么！

不恐惧就不能称之为人了吗？

人比动物更容易感到恐惧吗？

嘿！你想太多了！

我恐惧是因为

勇敢也是人性的一部分吗？

人们恐惧的理由都是相同的吗？

控 制

你能克服恐惧吗？

能，如果我是功夫之王的话。

呀哈！

控 制

对,可是……

啊!

你能通过练习功夫来克服对蜘蛛的恐惧吗?

使用暴力是否可以防止恐惧呢?

和平

如果不使用暴力,你会感到恐惧吗?

呀哈!

学习功夫是用来掌控自己,还是用来掌控别人呢?

你能克服恐惧吗？

能，如果我学会控制自己的情绪的话。

对,可是……

难道不应该自由地表达情绪吗？

谁可以教你控制自己的情绪呢？

控 制

控制恐惧可能会让你感觉不到危险，这难道不是一件危险的事吗？

你想成为一个没有情绪的机器吗？

55

你能克服恐惧吗?

能,如果我失去理智的话。

56

控 制

一个对一切都感到恐惧的人，是不是也有点儿疯狂呢？

一个感到恐惧的人是理智的吗？

恐惧也会让我们失去理智吗？

英雄是失去理智的人吗？

你能克服恐惧吗？

对，可是……

终于见到你了，我早就听闻你的大名了。

老年人或病人是否更害怕死亡呢？

人们可以接受死亡这一无法改变的事实吗？

控制

不能，
因为我将永远害怕死亡。

害怕死亡是否能激发你对生活的热爱呢？

永生不死难道不比死亡更可怕吗？

尽头在哪里？

你能克服恐惧吗？

不能，因为我不是超级英雄。

控 制

对，可是……

超级英雄真的不会感到恐惧吗，还是他们克服了自己的恐惧？

一个人可以成为超级英雄吗？

你这是为自己的不勇敢找借口吗？

如果你努力成为勇敢的人呢？

你能克服恐惧吗？

任何一个意识到自己很脆弱的人，在过去、现在和将来都会感到恐惧。自称无所畏惧的人，通常是个骗子。还有人失去理智，不承认自己的恐惧而将自己陷入危险之中。你梦想成为超级英雄吗？即使你无法成为超级英雄，你仍然可以以他们为榜样。学会掌控自己的力量，疏解自己的情绪，你或许能够慢慢克服恐惧，在人生的道路上更从容、更自由地前进。

控 制

小读者，问这个问题，
是想告诉你……

要想一想英雄代表着什么。

要知道你无法掌控一切。

终有一天我们将面对死亡。

要试着理解为什么我们害怕死亡。

63

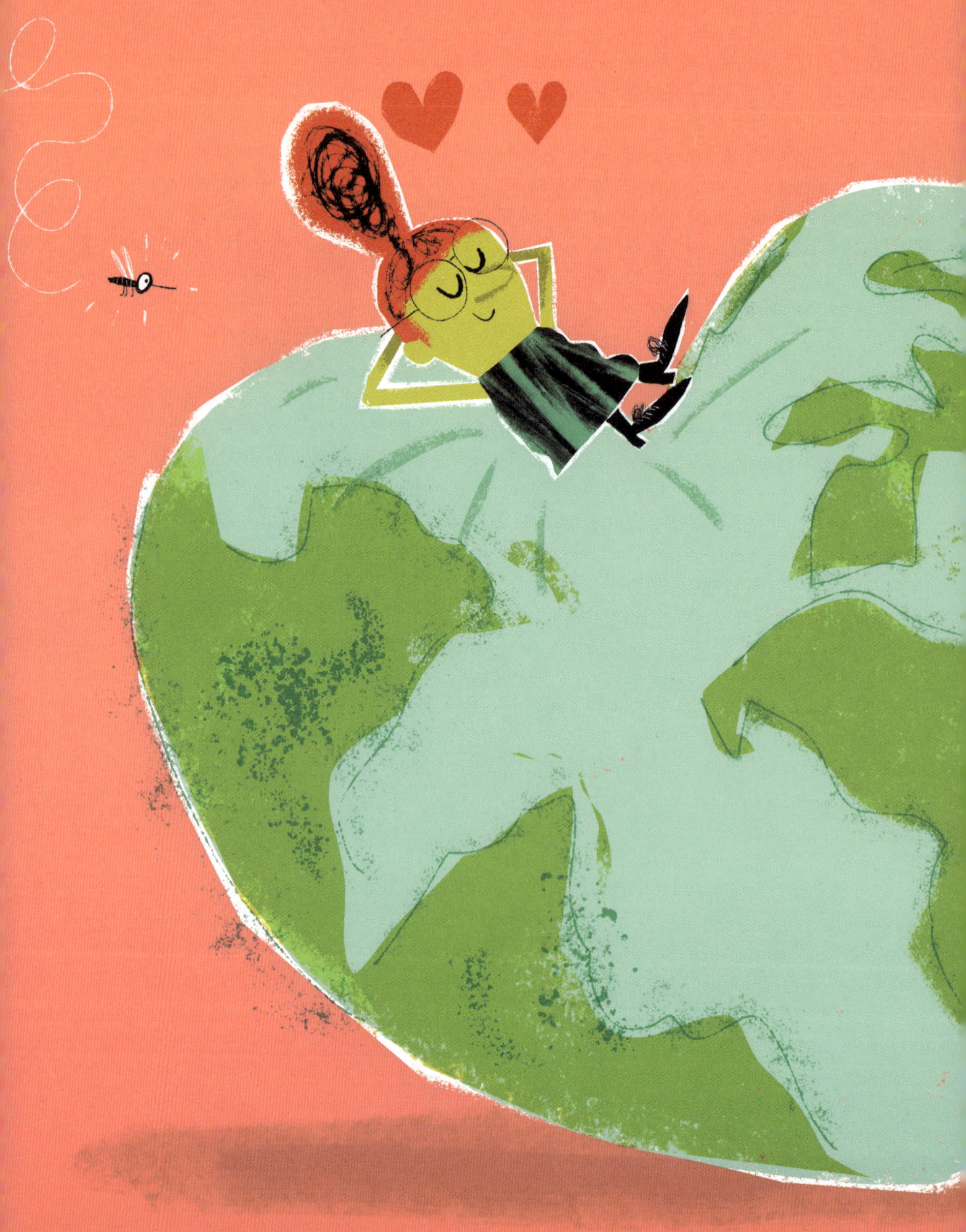

环境

人可以生活在没有危险的世界里吗？

人可以生活在没有危险的世界里吗？

不可以，
地震、风暴和
危险的野生动物
一直都存在。

对，可是……

对于地球来说，人类和野生动物哪个更危险呢？

城市是否比亚马孙热带雨林更安全呢？

环 境

人类是大自然的一部分吗？

人类可以保护自己免遭自然灾害吗？

67

人可以生活在没有危险的世界里吗?

可以,
如果所有人都变得
友善且关心他人。

环境

对，可是……

一个人可能看上去很友善，实际上并不友善吗？

每个人身上不都存在着善与恶吗？

我们是否对善良有着相同的理解？

一个人做好事的时候，是否有可能无意中伤害到别人呢？

人可以生活在没有危险的世界里吗？

对，可是……

谁有权利阻止坏人作恶呢？

一个坏人生来就是邪恶的，还是后来变得邪恶了呢？

环境

可以,
如果我们能够阻止
坏人作恶的话。

如何成为
一个好人

如何阻止坏人作恶呢?

坏人受到惩罚的正义世界,
在现实中是否存在?

71

人可以生活在没有危险的世界里吗？

不可以，这样我们将失去

对，可是……

充满冒险的生活是指面对危险吗？

难道生活本身不就是一场冒险吗？

环 境

充满冒险的生活。

没有危险的生活是不是既无聊又无趣呢？

冒险家是不顾危险、鲁莽的人吗？

73

人可以生活在没有危险的世界里吗?

可以,我在做梦和看书的时候,没有一点儿危险。

环 境

对，可是……

噩梦难道不比现实更可怕吗？

再见！

你可以通过做梦或阅读来逃离现实世界的危险吗？

一直活在梦里难道不危险吗？

我们为什么会阅读令人感到恐惧的书呢？

人可以生活在没有危险的世界里吗？

地震、火山喷发、海啸……自然灾害的破坏力极大，而且通常是不可预测的。城市使我们远离野生动物，这样就比待在乡村更安全了吗？不一定！并非所有人都是友善的，人也无法时时刻刻善待他人。在教育和法律的约束下，人们组成一个安全的社会，但这样的社会也可能更单调而无趣。通过远离冒险来避免生活中的危险，这难道真的是我们梦想中的生活吗？

环 境

小读者，问这个问题，是想告诉你……

要知道危险是生活的一部分。

生 活

要学会接受世界的不完美。

要思考如何在自由和安全之间找到平衡。

要试着理解冒险给我们带来了什么。

第①课

勇敢

你需要学会勇敢吗?

你需要学会勇敢吗?

需要,
这样恐惧就不会
妨碍我实现梦想了。

走开!

勇 敢

对，可是……

放弃梦想是否也是一种勇敢呢？

恐惧是否也有助于实现梦想呢？

如果你的梦想对你或他人来说是危险的呢？

你要是敢的话，就来拿吧！

胆小的人是否能感到快乐呢？

81

你需要学会勇敢吗?

不需要,有的人天生勇敢,有的人天生胆小。

对,可是……

一个人可以既勇敢又胆小吗?

先生,我参加过战争!

生活和经历能否让我们变得勇敢呢?

勇 敢

这不是后来学会的。

是否有些大人依然被童年的恐惧所困扰？

你能自己决定是成为勇敢的人还是胆小的人吗？

83

你需要学会勇敢吗?

不需要,
我希望别人替我
做这件事情。

勇敢

对,可是……

别人是否能替你面对自己的恐惧呢?

你可以要求别人对你负责吗?

你有权利胆小吗?

噢,真舒服!

你做出这个选择是出于胆怯还是出于懒惰呢?

85

你需要学会勇敢吗？

对，可是……

终点

骗子！

你必须总是选择容易的道路吗？　　你会后悔自己缺乏勇气吗？

勇 敢

不需要，
有时候选择胆小
更加容易。

即使你不情愿，你能够试着选择勇敢吗？

如果有人称你为胆小鬼，你会有什么感受呢？

你需要学会勇敢吗？

需要，
但这可能要花费很长时间。

对，可是……

绝不退缩！

老人比孩子更勇敢吗？

我觉得勇气即将来临！

想要成为勇敢的人，耐心是必要的吗？

勇敢

勇气之巅

可以在学校里学习勇敢吗？　　有没有人天生就很勇敢？

你需要学会勇敢吗?

需要,
为了让世界变得更好,
为了与不公平进行斗争。

勇 敢

对，可是……

学会勇敢，你会变成一个更好的人吗？

仅仅勇敢就足以让世界变得更好吗？

我要好好看看这个世界。

接受世界本来的面貌是否也需要勇气呢？

你首先需要做的难道不是努力改变自己吗？

你需要学会勇敢吗?

很多人认为勇气是一种与生俱来的品质,有些人似乎天生就具备,而有些人则没有。这样想的人,可以坦然接受自己的胆怯,而不感到羞愧。这也将世界上的人分为两类:一类是胆怯的人,另一类是勇敢的人。前者依靠后者来保护自己。然而,如果每个人都能以自己的方式学会面对恐惧,他们将变得敢于冒险,去实现梦想或超越自己。人生活在这个世界上,不仅仅是为了享受一切,而是可以让世界变得更好。

勇 敢

小读者，问这个问题，是想告诉你……

要意识到自己生活在世界上的职责。

要思考实现梦想的重要性。

要思考你的行动是不是完全出于自己的意愿。

要反对命中注定的观点。

让孩子学会思考

孩子喜欢问各种各样的问题，这些问题往往是激发深入思考的好机会。作为大人，尤其是父母，应如何回应孩子的这些问题？父母的回答对于孩子思维的发展是有价值的，但更重要的是引导孩子学会独立思考与判断，让孩子通过自己的思考获得自主权，成长为负责任的人。

"儿童哲学智慧书"系列图书搜集了孩子们最常问的一些哲学问题，每个问题之下都有多个答案，这些答案都来自孩子的真实回答。有的答案是显而易见的，有的答案则令人感到惊讶或困惑。所有的答案又会引发新的疑问，因为思考本就是一个永无止境的过程。即便有些问题没有明确的答案，也没关系，答案并不是必需的，而问题的最大价值就在于它能够开启对话与讨论。

一个有意义、有价值的问题会受到人们的喜爱，而关于人们最常见、最困惑的问题，比如"生活，是什么？""爱，是什么？""好和坏，是什么？"……也会引发人们长久的思考。这些问题虽然难以回答，但可以推动我们不断思考，锻炼我们的思维能力。

让我们打开本系列图书，一起面对这些问题，通过不断的交流与讨论，孩子和父母都能在这一过程中获得成长。这样，我们不仅能更深入地理解这个世界，也能更好地认识自我，并增进彼此之间的理解。

奥斯卡·柏尼菲

儿童与哲学

哲学家、学者、作家　周国平

经常有人问我：要不要让孩子学哲学？几岁开始学比较好？我总是反问：让孩子学哲学，有这个必要吗？孩子们都是哲学家，应该是我们向他们学！这不是戏言，通过亲自观察，我深信儿童与哲学之间有着天然的亲和性，和大多数成人相比，孩子离哲学要近得多。在有些人眼中，孩子与哲学似乎不搭界，那是因为他们既不懂孩子，严重地低估了孩子的心智，也不懂哲学，以为哲学只是一门抽象的学问，对两方面都产生了误解。

有心的父母一定会注意到，儿童尤其是幼儿特别爱提问，所提的相当一部分问题是大人回答不了的，不是因为大人缺乏相关知识，而是没有任何知识可以用作答案。这样的问题正是不折不扣的哲学问题。哲学开始于惊疑，孩子心智的发育进入旺盛期，就自然而然地会对世界感到惊奇，对人生产生疑惑，发出哲学性质的追问。纯真好奇的儿童心智与陌生新鲜的大千世界相遇，这是人类精神中灿烂而永恒的时刻，但在每个人一生中，却又是稍纵即逝的短暂时光。

所以，如果说"学"哲学，儿童期正是"学"哲学的黄金时期，机不可失。不过，所谓"学"完全不是从外部给孩子灌输一些书本上的知识，而是对孩子自发表现出来的兴趣予以关注、鼓励和引导。对于孩子的哲学性质的提问，聪明的大人只需要做两件事，第一是留意倾听他们的问题，第二是平等地和他们进行讨论。相反的态度是麻木不仁，充耳不闻，或者用一个简单的回答把孩子的提问打发掉，许多孩子的哲学悟性正是这样在萌芽阶段就遭扼杀了。

凡真正的哲学问题都没有终极答案，更没有标准答案。一定有人会问：既然如此，让孩子思考这种问题究竟有什么用？我只能这样回答：如果你只想让孩子现在做一台应试的机器，将来做一台就业的机器，当然就不必让他"学"哲学了。可是，倘若不是如此，你更想让孩子成长为一个优秀的人，哲学就是"必修课"。通过对世界和人生的那些既"无用"又"无解"的重大问题的思考，哲学给予人的是开阔的眼光、自由的头脑和充满智慧的生活态度，而这些素养必将造福整个人生。

当然，要做孩子够格的哲学"同伴"，大人必须提高自己。在这方面，一个有效途径是亲子共同阅读高水平的哲学童书。哲学童书且具高水平，殊为不易，常见的或者是太"哲学"（其实是太理论），不儿童，缺乏童趣；或者是太儿童，不哲学，缺乏哲思。接力出版社从法国引进的"儿童哲学智慧书"系列丛书，我看了很喜欢，它符合我心目中既儿童又哲学的定位。这套书用简短的文字配以稚拙的图画，看似简单，其实很用心思。一是选题精当，每册都是对一个重要哲学主题的追问，包括"我""生活""幸福""情感""自由""社会""知识""好和坏""艺术和美""暴力""恐惧""真和假"等，这些主题同时又是在现实生活中容易引起困惑的难题，因而是和人人密切相关的。二是通晓儿童心理，在每个主题下有若干问题，在每个问题下有若干可能的回答，问题的设计和回答皆出自孩子的视角，既天真可爱，又真实可信，每每令人会心一笑。三是真正用哲学的方式来启迪哲学的思考，对于每个回答不下对错的论断，而是从不同角度展开质疑，最后也不给出一个结论，而是点出思考这个问题的价值之所在。这三点使我相信，作者是既懂孩子又懂哲学的，因此我便可以放心地向孩子们以及家长、老师们推荐这套书了。